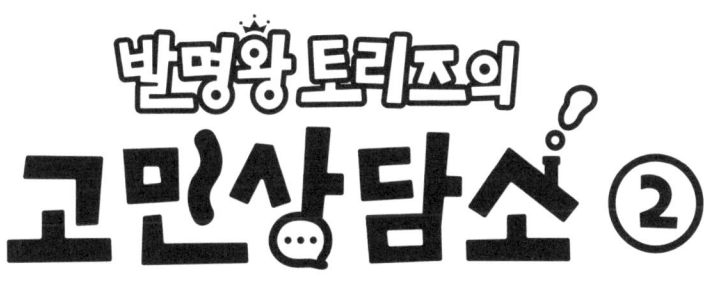

발명왕 토리즈의 고민상담소 2 - 고양이를 구해줘!
ⓒ신정호 2020

1판 1쇄 2020년 6월 10일

지은이	신정호
그림	박희진
구성	한윤희

펴낸곳	이트리즈
출판등록	2013년 5월 15일 제2013-000194호
임프린트	와우팩토리
제작처	두경 M&P

주소	서울시 강남구 도곡로 175 창림빌딩 301호
전화	02-6406-0213
홈페이지	www.etriz.com
이메일	help@etriz.com

ISBN	979-11-970427-0-6 77400
	979-11-950500-8-6 (세트)

와우팩토리는 이트리즈의 임프린트입니다.
"이 책의 저작권법에 따라 보호받는 저작물이므로 무단 전재와 무단 복제를 금지하며,
이 책 내용의 전부 또는 일부를 이용하려면 반드시 저작권자와 이트리즈의 서면 동의를 받아야 합니다."

사용연령 8세 이상
파본이나 잘못된 책은 구입하신 곳에서 바꿔드립니다.

「이 도서의 국립중앙도서관 출판예정도서목록(CIP)은 서지정보유통지원시스템 홈페이지(http://seoji.nl.go.kr)와
국가자료공동목록시스템(http://www.nl.go.kr/kolisnet)에서 이용하실 수 있습니다. (CIP제어번호 : CIP2020018257)」

www.etriz.com

발명왕 토리즈의 고민상담소 ②

고양이를 구해줘!

지은이 **신정호**
그림 **박희진** | 구성 **한윤희**

들어가며

개정 교육과정(2015년 고시)에서 제시하는 교육의 핵심 목표는 '창의융합형 인재 양성' 입니다. 학습자가 일상생활에서 스스로 문제를 발견하고 해결하는 기초 능력을 기르고, 이를 새롭게 경험할 수 있는 상상력을 기르는 것입니다.

〈발명왕 토리즈의 고민상담소〉는 아이들이 주변에서 흔히 볼 수 있는 사물들에 담긴 공통된 발상의 원리를 발명의 비밀로 소개하고 있습니다. 재미있는 만화로 구성된 이야기를 통해 주인공의 고민을 함께 해결해 가면서 자연스럽게 문제 발견과 해결 능력을 스스로 키울 수 있게 됩니다.

이 책은 우리 아이들에게 창의성에 대한 자신감을 키워줍니다. 발명의 비밀을 따라하면 누구나 새로운 생각을 쉽게 떠올릴 수 있습니다. 상상하는 일을 마냥 어렵게만 생각했던 우리 아이도 재미있게 다양한 상상을 하고 남 앞에서 말할 수 있게 됩니다. 이를 통해 스스로를 창의적인 사람이라고 믿게 될 것입니다.

또한 이 책은 우리 아이들에게 문제 해결 습관을 길러줍니다. 오늘날 우리는 다양한 문제를 경험하면서 살아갑니다. 문제 해결에 가장 중요한 것은 다양한 대안을 제시할 수 있는 상상력입니다. 과거의 뛰어난 발명들을 분석해 도출된 발명의 비밀을 익히면서 문제 해결을 돕는 새로운 생각을 떠올리는 습관을 가질 수 있게 됩니다.

상상력이 넘치는 창의융합형 인재로 키우고자 한다면 발명왕 토리즈의 고민상담소를 방문해 주세요.

이 책의 좋은 점

스스로 학습할 수 있습니다.

새로운 발상을 위한 트리즈*의 발명원리를 어린이의 눈높이에 맞는 만화로 보여주고 있습니다. 단계별로 다양한 활동을 통해 자신의 생각을 채워 나가다 보면 다른 사람의 도움 없이도 스스로 발명의 비밀을 익히고 적용할 수 있게 됩니다.

새로운 관점으로 세상을 보게 됩니다.

러시아 인형, 배달음식, 팝업북, 자동 수도꼭지 등 우리 주변에서 쉽게 접할 수 있는 다양한 물건들에 담긴 발명의 비밀을 소개하고 있습니다. 무심코 지나치던 것들에 담긴 공통된 패턴을 익히면서 주변 사물들을 발명의 비밀 관점에서 새롭게 보게 됩니다.

상상하는 일이 즐거워집니다.

아이들이 어려워하는 숙제 중 하나는 바로 발명숙제입니다. 정답만을 찾는 활동에 익숙해진 아이들일수록 세상에 없던 새로운 생각을 하는 것을 어려워합니다. 발명왕 토리즈가 제안하는 발명의 비밀들을 따라하면 누구나 즐겁게 새로운 상상을 할 수 있게 됩니다.

트리즈란?
러시아의 천재적인 발명가
겐리히 알트슐러 박사가 개발한
창의적으로 문제를 해결하는 방법론입니다.

발명왕 토리즈의 고민상담소를 읽고

— 서울소의초 6학년 이재호

평상 시에 생활 속에서 불편한 점이 있어도 크게 생각하지 않고 지나쳤었다. 그런데 발명왕 토리즈 책을 우연히 접하게 되었는데 토리즈와 친구들이 어려운 일을 그냥 지나치지 않고 고민하는 모습을 보면서 나도 생활 속에서 불편했던 점을 해결할 수 있는 방법을 생각하게 되었다.

마치 처음부터 있었던 것처럼 당연하게 생각하고 일상생활에서 사용했던 물건들이 누군가의 깊은 고민의 과정과 도전을 통해서 만들어졌다는 사실은 나에게 신선한 충격이었다.

쪼개기 원리로 만들어진 우리 주변의 많은 사물들을 찾아보는 과정은 매우 즐거웠다. 친구들과 함께 일상 속 숨은그림 찾기 게임을 하는 것 같았다. 처음부터 쪼개기 원리로 뭔가를 발명해야한다면 당황스럽고 힘들었을텐데 친구들과 단계를 밟으면서 하니까 보드게임을 하는 것처럼 재미있었다.

우리는 주변의 모든 사물을 쪼갰는데 나는 학교에서 자주 사용하는 모둠 칠판의 보관과 활용이 불편했던 기억이 나서 칠판을 쪼갰다. 칠판을 쪼개는 아이디어는 실제로 제품으로 만들어지면 좋을 것 같기도 하고 학교에서도 잘 활용될 것 같아서 아이디어를 조금 더 구체화시켜서 학교에 제출했다.

선생님과 친구들이 편리했으면 하는 소박한 마음에서 제출했는데 교내발명품 경진대회에서 금상을 수상해서 매우 기쁘다.

이 책에 수록된 제 2화를 읽고 상상노트에 직접 그린 아이디어를 교내발명품 경진대회에 출품하여 금상을 받은 서울소의초 6학년 이재호 학생이 보내준 독후감입니다.

2020 교내발명품경진대회
발명품 작품 설명서

금상

작품명	함께 또 따로 칠판		참가영역	과학
구 분	성 명	소속(학교)		직위(학년)
출품자	이재호	서울소의초등학교 소의초등		6

1. 제작동기
* 모둠수업이 있는 날, 쓰는 모둠칠판은 크기가 크고 무거워서 준비도 보관도 쉽지 않다. 그리고 보드마카와 지우개 까지 챙길것도 많다. 그래서 수업 준비를 쉽게 하고 모둠 칠판 보관도 잘할수 있는 방법을 고민하게 되었다.

〈그림 또는 사진〉

→ 6개의 작은 모둠 칠판
큰 흑칠판
→ 확대
자석

2. 작품요약 (문제점과 개선점)
가.
* 문제점: 화이트보드 모둠 칠판은 크기가 크고 무겁다. 또 별도의 보관 장소가 필요하다.

* 개선점: 교실에 이미 있는 흑칠판을 퍼즐조각처럼 나누어, 모둠 수업때는 모둠 칠판으로 활용한다.
→ 별도의 보관장소 필요없다.

3. 작품내용 (제작 방법 및 문제점 해결방법)
가.
* 제작방법: 기존 칠판을 모둠칠판으로 분리할수 있는 크기로 분할해서 제작한다. 또 자석의 N극과 S극이 붙는 성질을 활용하여 칠판에 붙인다.

* 문제점 해결방법: 평상시 에는 강의용 칠판으로 붙여서 활용한다.

4. 제작결과 (장점, 활용방법)
* 모둠 수업때는 분리하여 조별로 나누어 활용한다.

장점: 모둠 칠판을 별도로 구매하지 않아도 됨. → 비용을 절약할수 있다.
활용방법: 기존 칠판에 붙여서 활용 → 별도의 보관 장소가 필요 없음.
수업 내용에 맞게 칠판하나로 모둠수업과 강의가 모두 가능함.

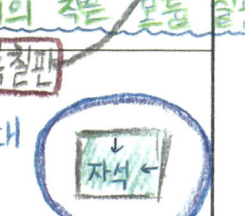

내가 좀 도와줬지~
발명대회 금상을 축하해요~

사용설명서

1 고민 있어요!

고민이 있는 친구를 만났어요. 과연 발명대원들은 친구의 고민을 해결해 줄 수 있을까요? 발명대원이 되어 친구의 이야기를 들어 주세요.

2 이렇게 해봐요!

쉿! 토리즈가 고민 해결을 도와줄 '발명의 비밀'을 소개하고 있어요. 발명의 비밀이 적용된 사례 이야기도 준비했다고 하니 귀 기울여 토리즈의 이야기를 들어 보세요.

3 고민 해결!

야호! 드디어 친구의 고민을 해결했어요. 발명의 비밀을 이용해 떠올린 상상이 친구에게 어떻게 도움이 되었는지 함께 살펴볼까요?

4 맞춰 보세요!

짜잔! 지금까지의 내용을 토리즈가 퀴즈로 준비해 왔어요. 스티커를 붙이면서 퀴즈도 풀고 발명의 비밀도 잘 정리해 보세요.

5 우리도 해봐요!

실력을 뽐내 볼까요? 발명의 비밀이 적용된 발명을 찾아 탐색 노트에 적어 보세요. 그리고 발명의 비밀을 이용해 나만의 멋진 상상을 상상 노트에 자유롭게 표현해 보세요.

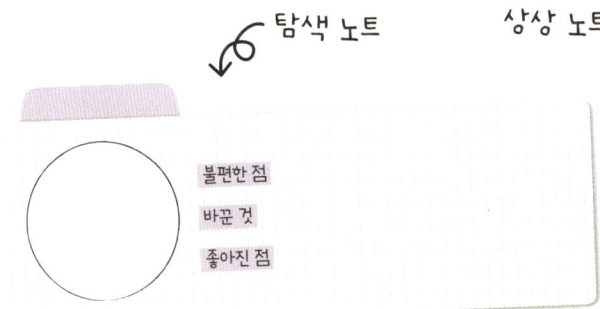

빈 칸을 친구의 상상력으로 채워 주세요.

목차

들어가며 · · · · · · · · · · · · · · · 4
이 책의 좋은 점 · · · · · · · · · · · · 5
사용설명서 · · · · · · · · · · · · · · 8

지난 이야기 · · · · · · · · · · · · · 12
발명대원들을 소개합니다 · · · · · · 18

제1화 고양이를 구해줘! · · · · · 21
- 발명의 비밀 : 포개기

  하나로 포갠 러시아 인형, 캠핑용 냄비, 사다리차

제2화 너무 너무 너무 멀어 · · · · 49
- 발명의 비밀 : 반대로 하기

  반대로 바꾼 배달음식, 트레드밀, 이동 도서관

제3화 집+집+집 · · · · · · · · · · 77
- 발명의 비밀 : 입체로 만들기

입체로 만든 팝업북, 3D 영화, 아파트

제4화 카메라를 부탁해 · · · · · 105
- 발명의 비밀 : 스스로 하게 만들기

스스로 하게 만든 자동 수도꼭지, 로봇청소기, 셀카봉

제5화 드디어 집으로! · · · · · · · 133
- 토토와 리리에게 생긴 변화?!

도와줄게! · · · · · · · · · · · · · · · 143
부록 스티커 · · · · · · · · · · · · · 153

지난 이야기

 **지금으로부터 1년 전...**

어려서부터 호기심이 많았던 나는 새로운 것을 상상하고 발명하기를 좋아했어.

내가 좋아하는 발명으로 사람들을 행복하게 만들어 주고 싶은 꿈도 생겼지.

오오~

흠흠...

매일 발명들을 관찰하던 어느 날, 난 드디어 발명의 '비밀'을 찾아냈어!

발명의 비밀을 이용하면 사람들을 행복하게 만들어 줄 수 있을 거라는 확신이 생겼지.

그래서 사람들이 언제나 내게 도움을 구할 수 있도록 고민상담소를 차렸던 거야.

그랬대~

지난 이야기

 **발명대원을 만나기까지**

하지만... 고민을 가진 손님은 한 명도 찾아오지 않았어.

그래서 내가 직접 고민을 찾아가기로 결심하고, 발명대원을 구하는 포스터를 붙였어.

와, 우리가 나왔어!

하하~

다행히도 관심을 가지는
토토와 리리를 만날 수 있었지.

토토와 리리는 나와 함께
곧바로 발명여행을 떠나게
되었어.

나도 함께 갔지~

그래서 발명여행이
시작된 거야~

지난 이야기

 **발명여행에서 생긴 일**

첫 번째 마을에서는
칼날이 자꾸만 무뎌져서
힘들어했던 친구를 도와
쪼갤 수 있는 칼을 만들었지.

두 번째 마을에서는
꼭 필요한 찻잎만을 뽑아내어
간편하게 즐길 수 있는 차를
만들어 주었어.

정말 재미있었어~

멋져~

세 번째 마을에서는 편지 봉투에 주소를 따로 적기 힘들어하던 친구를 위해 투명한 창을 가진 봉투를 만들어 주었지.

네 번째 마을에서는 바람이 너무 세게 불어서 힘들어했던 친구를 위해 멋진 비대칭 우산을 만들었어.

다음에는 어디로 가는 거야?

고민이 있는 곳이라면 어디든지~

이번에도 따라갈 거야

발명대원들을 소개합니다

토 리 즈 고민상담소 주인

발명의 비밀을 발견한 장본인. 고민상담소에 손님이 찾아오지 않아 고민한다. 고민을 가진 사람들을 만나기 위해 발명여행을 떠나게 된다.

토 토 발명대원

엉뚱한 상상을 떠올리는 걸 좋아한다. 더 많은 상상을 도와주는 발명의 비밀을 알게 되면서 새로운 발명에 도전하게 된다.

리 리 발명대원

도움이 필요한 친구들을 보면 그냥 지나치지 않는 성격이다. 발명의 비밀을 이용해 멋진 상상들을 쉽게 떠올리게 된다.

안녕? 나는 개미야. 나도 이번 여행에 함께 할 거야

제 1 화

고양이 무서웨

고양이를 구해줘!

발명의 비밀 : 포개기

키다리나무 마을에는 아주 높은 키다리나무가 있어요.
얼마나 높은지 마을 어느 곳에 있어도 나무가 한눈에 보여요.
저기 높은 나무를 올려다 보고 있는 한 친구가 있네요.
무슨 일이 있는지 함께 가볼까요?

포개기

어쩌지...

1
고민 있어요!

포개기

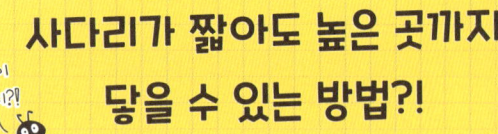

2
이렇게 해봐요!

고민 해결을 도와줄 발명의 비밀은 '포개기' 원리에요. 포개기는 여러 개를 한데 포개 보라는 지혜에요. 여러 색깔의 고깔 모자를 포개니 기분에 따라 다른 색으로 바꾸어 쓸 수 있어요.

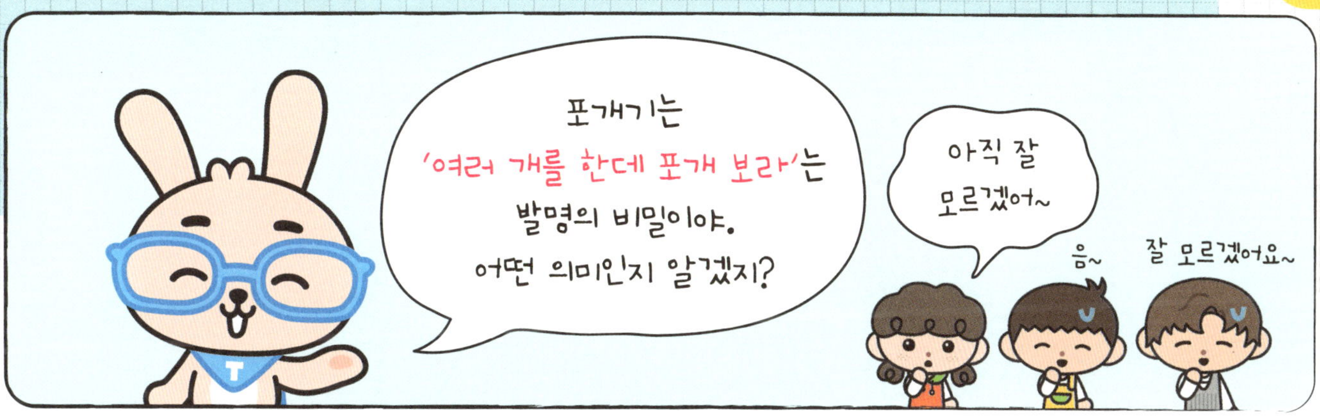

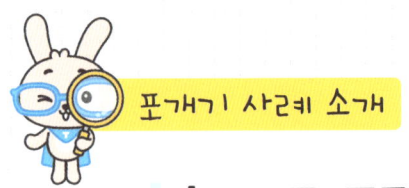 포개기 사례 소개

하나로 포갠 러시아 인형

러시아 인형은 '마트료시카'라는 이름의 나무 인형이에요. 가장 바깥의 인형을 열면 그 안에 작은 인형이 들어 있고, 작은 인형 안에는 더 작은 인형들이 여러 겹으로 포개어져 있어요.

인형이 많이 있으면 정리하기 어려워요. 러시아 인형은 큰 인형 안에 작은 인형들을 차곡차곡 담을 수 있게 만들었어요. 그래서 크기가 다른 인형들을 하나로 포개어 쉽게 정리할 수 있어요.

러시아에서는 다른 사람에게 행운을 빌 때 러시아 인형을 선물로 준비해요. 왜냐하면 여러 크기의 러시아 인형을 크기대로 세워 두면 아이가 많고, 행복이 넘치는 가족의 모습으로 보인다고 생각하기 때문이래요.

 차곡 차곡~
 와아

포개기

하나로 포갠 캠핑용 냄비

캠핑용 냄비는 여러 겹으로 포개어진 냄비에요. 커다란 냄비 안에 작은 냄비가 들어 있고, 작은 냄비 안에는 더 작은 냄비가 들어 있어요.

캠핑은 자연 속에서 텐트를 치고 요리를 해 먹으면서 가지는 휴식 시간이에요. 직접 불을 피워 요리를 하려면 냄비가 여러 개 필요해요. 그런데 냄비는 부피가 커서 여러 개를 함께 챙기려면 많은 공간이 필요해요.

캠핑용 냄비는 크기가 다른 여러 개의 냄비들을 하나로 포개어 이러한 고민을 해결했어요. 큰 냄비 안에 작은 냄비를 여러 겹으로 담았어요. 작은 냄비 안에는 더 작은 그릇이나 수저를 담을 수도 있어요. 큰 냄비 안에 필요한 냄비들을 모두 담을 수 있어 짐을 챙길 때 공간을 많이 차지하지 않아요.

큰 냄비 안에 쏘옥~

이제 알겠어.

아항!

하나로 포갠 　　　　　　　　　사 다 리 차

　　리리가 포개기 원리를 이용해서 하나로 포개어진 사다리를 상상했어요. 짧은 사다리 여러 개를 한데 포갠다면 높은 곳까지 닿을 수 있는 긴 사다리를 만들 수 있을 거에요.

　　사다리차에는 리리가 떠올린 여러 개의 사다리를 하나로 포갠 사다리가 달려 있어요. 사다리차가 발명되기 전에는 짧은 사다리로 건물의 높은 층까지 닿는 것이 어려웠어요. 반대로 사다리가 너무 길면 필요한 곳까지 옮겨 사용하기에 불편해요.

　　이러한 문제를 해결하기 위해 사다리차는 짧은 사다리 여러 개를 하나로 포개었어요. 포개어진 사다리들을 모두 펼치면 아주 긴 사다리를 만들 수 있어요. 사다리를 쓰고 난 다음 다시 하나로 포개 짧게 만들면 다른 장소로 쉽게 옮길 수 있어요.

발명 이야기

포개기

생명을 살리는 사다리

다니엘 헤이스(Daniel D. Hayes)는 미국의 큰 회사에서 기계를 다루는 일을 했어요. 그는 샌프란시스코 소방국의 요청으로 소방차를 소방관들이 손쉽게 사용할 수 있도록 교육하는 일을 맡으면서 소방관들과 함께 일하게 되었어요.

샌프란시스코는 무척 큰 도시였어요. 높은 건물이 많았기 때문에 불이 나면 쉽게 끌 수가 없었어요. 헤이스는 주변의 짧은 사다리를 보면서 고민했어요.

'건물 꼭대기까지 올라갈 수 있다면 불을 쉽게 끄고 사람들도 금방 구할 수 있을 텐데. 어떻게 하면 높은 건물까지 안전하게 올라갈 수 있을까?'

'그래, 사다리를 포갤 수 있도록 만들면 어떨까? 모두 펼치면 아주 긴 사다리를 만들 수 있을 거야.'

헤이스는 사다리를 여러 개 포개어 펼칠 수 있게 만들었어요. 사다리를 소방차에 얹고 손잡이를 돌리니 사다리가 펼쳐지면서 건물 높은 곳까지 닿을 수 있는 긴 사다리가 만들어졌어요.

1868년, 세계 최초의 사다리차가 탄생했어요. 사다리는 최대 85피트(약 26m)까지 길어졌어요. 사다리차 덕분에 건물에 불이 나면 더 높은 곳에서 불을 쉽게 끌 수 있게 되었어요. 그리고 창문을 통해서 건물 안에 갇힌 사람들을 구할 수 있게 되었어요.

실제로 이렇게 발명이 되었구나!

4 맞춰 보세요!

부록의 **스티커**를 붙이면서 내용을 정리해 보아요!

여러 개를 한데 포개 보라는 원리는 무엇일까요?

이 원리를 표현하는 토리즈를 붙여 보세요.

무엇더라?

포개기

사례 스티커를 붙여 보세요.

아까 설명한 포개기 원리의 사례들이야. 기억하고 있지?

불편한 점 인형들이 많이 있으면 정리하기가 어렵다.
바꾼 것 크기가 다른 인형들을 하나로 포개었다.
좋아진 점 인형을 모두 한데 포개어 쉽게 정리할 수 있다.

당연하지~

불편한 점 냄비는 부피가 커서 여러 개를 함께 챙기려면 많은 공간이 필요하다.
바꾼 것 크기가 다른 여러 개의 냄비들을 하나로 포개었다.
좋아진 점 짐을 챙길 때 공간을 많이 차지하지 않는다.

아, 기억 났어.

불편한 점 사다리가 너무 짧아 높은 곳까지 닿지 않는다.
바꾼 것 짧은 사다리 여러 개를 하나로 포개었다.
좋아진 점 모두 펼치면 아주 긴 사다리를 만들 수 있다.

5
우리도 해봐요!

포개기 미션 1 :: **탐색**하기

포개기

쇼핑 카트

이게 바로 **탐색 노트**에요.

불편한 점 카트는 부피가 커서 공간을 많이 차지한다.

바꾼 것 카트 여러 개를 하나로 포갰다.

좋아진 점 좁은 공간에도 카트를 많이 보관할 수 있다.

움직이는 집인가?!

짠~~~!!!

토토와 리리가 찾은 내용들을 **탐색 노트**에 정리했어요. 이제 우리 친구들이 직접 해 볼까요?

다음 페이지로 GO, GO!

⭐ 탐색 노트 ⭐

144쪽

탐색 노트를 <u>완성</u>해 보세요.

햄버거

불편한 점 바쁘게 이동할 때에는 여러 음식을 먹기 어렵다.

바꾼 것

좋아진 점

바퀴 달린 운동화

재미있는 운동화야~

불편한 점 운동화와 롤러스케이트를 따로 챙기기 힘들다.

바꾼 것

좋아진 점

사진 출처 : www.heelys.eu.com/se

포개기

⭐ 탐색 노트 ⭐

찾은 대상의 이름을 적어 주세요.

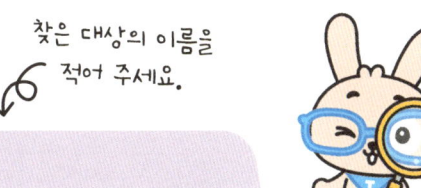

이제는 **혼자서 찾아볼 차례**예요.
포개기가 적용된 대상을 찾아 정리해 보세요.

- 불편한 점
- 바꾼 것
- 좋아진 점

찾은 대상을 그림으로 그려 보세요.

또 어떤 것들이 있을까?

- 불편한 점
- 바꾼 것
- 좋아진 점

주위를 잘 둘러봐.   너라면 할 수 있어~

포개기 미션 2 :: 상상하기

자, 이번에는 발명의 비밀을 이용해서 새로운 상상을 해 볼 거예요.

동그라미 안에 생각나는 것들을 적어 볼까요?

〈 화장실에 있는 것들 〉

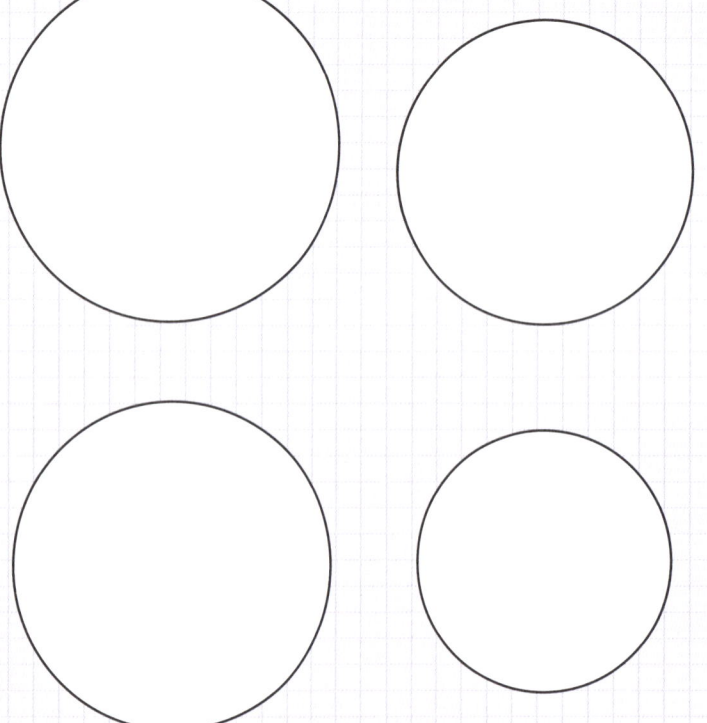

욕조

이것들 중에 무엇을 바꿔 볼까?

나는 욕조를 바꿔 볼 거야.

상상 노트

이름: 토토

포개기

바꿀 대상	발명의 비밀
욕조	포개기

자신만의 상상을 그림으로 표현합니다.

좋아진 점	친구들의 의견
포개어 보관해 두었다가 펼쳐서 사용한다.	화장실이 좁아도 쓸 수 있겠어요.

① 친구들에게 소개한 후 의견을 받아 적으세요.

② 상상 그림을 공유해 보세요!

정말 멋진걸~

145쪽

 상상 노트

이름 : _____

앞에서 적은 것들 중에 무엇을 바꿔 볼래요?

바꿀 대상

발명의 비밀

자신만의 상상을 그림으로 표현합니다.

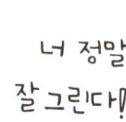
너 정말 잘 그린다!

좋아진 점

친구들의 의견

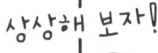
상상해 보자!

44

⭐ 상상 노트 ⭐

이름: _____

포개기

아무거나 상상해 보자.

바꿀 대상

발명의 비밀

자신만의 상상을 그림으로 표현합니다.

좋아진 점

친구들의 의견

기발한데?!

QR코드로 공유해 볼까?

날 공유해 보라구~훗훗

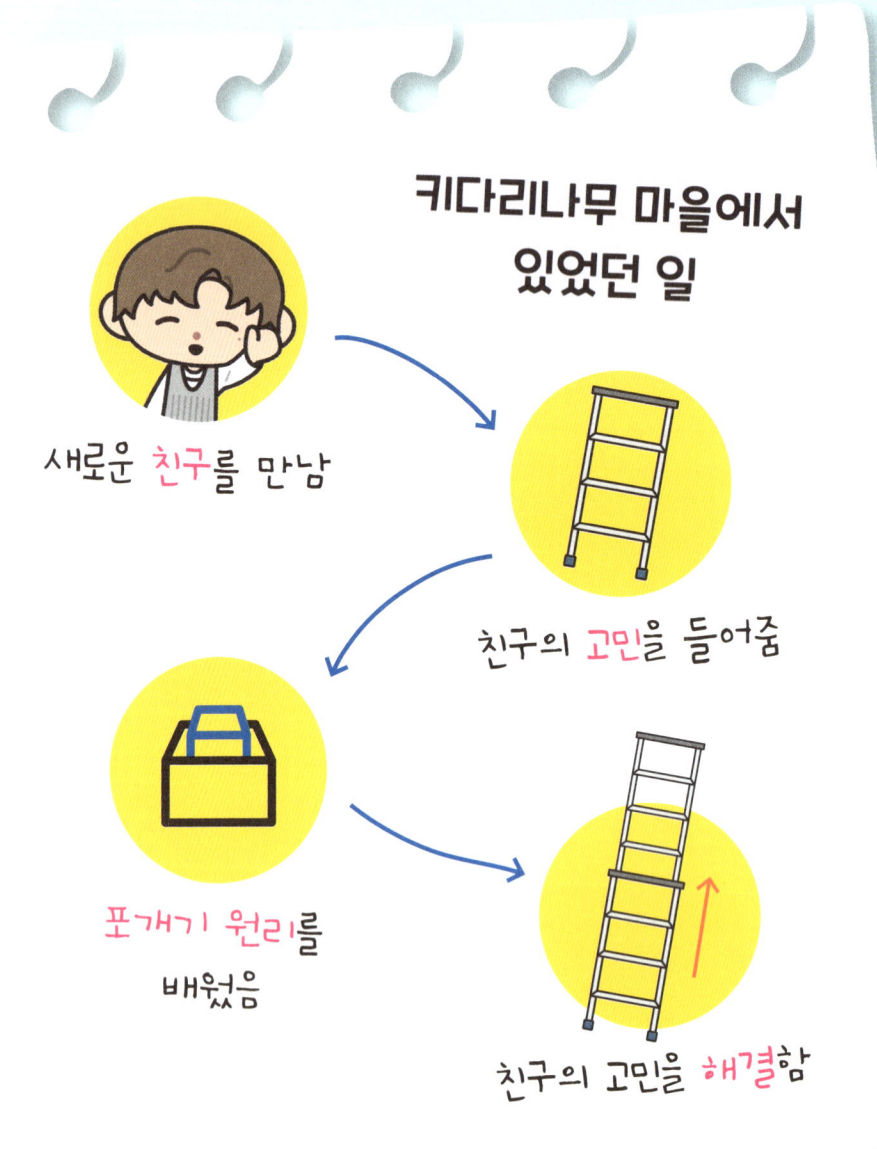

포개기

높은 나무에 올라간 고양이를 구해주고 싶어 했던 친구의 고민을
포개기 원리로 멋지게 해결했어요.
다음에는 어떤 고민을 해결하게 될까요?

QR코드를 스캔하면
오늘 배운 내용을
복습할 수 있어요.

슈우우웅-

다음에 또 봐요

잘 있어요~

고마워요.

고양이 보러
또 와요!

야호~

48

제 2 화

너무 너무 너무 멀어

발명의 비밀 : 반대로 하기

산골마을은 높은 산으로 둘러싸여 있는 작은 마을이에요.
산 깊은 곳에 작은 집들이 옹기종기 붙어 있어요.
앗, 저기 한 친구가 땀을 흘리면서 걸어 오고 있네요.
이번에는 과연 어떤 이야기를 듣게 될까요?

반대로 하기

산골마을

아이고오오.....

1
고민 있어요!

반대로 하기

반대로 하기

2
이렇게 해봐요!

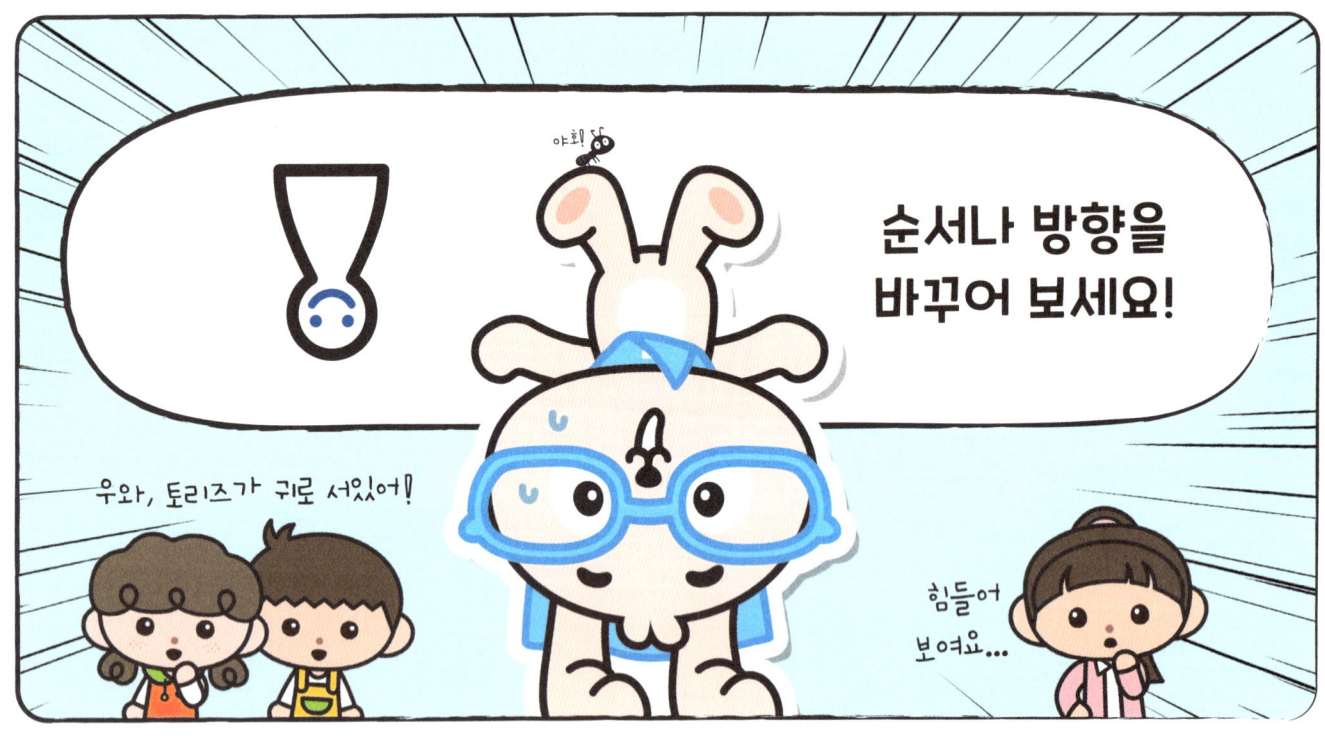

고민 해결을 도와줄 발명의 비밀은 '반대로 하기' 원리에요. 반대로 하기는 순서나 방향을 반대로 바꾸어 보라는 지혜에요. 물구나무를 서니 모든 것이 거꾸로 보이네요.

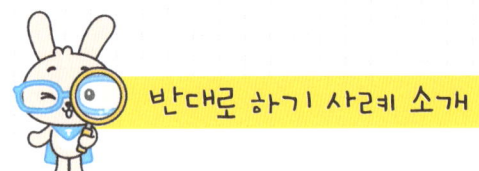

반대로 하기 사례 소개

반대로 바꾼 　　　　　　　　　　배 달 음 식

전화로 식당에 음식을 주문하면 맛있는 요리를 집에서 받아 볼 수 있어요. 이렇게 식당에 직접 가는 대신 음식점에서 집까지 가져다 주는 음식을 배달음식이라고 해요.

만약 배달음식이 없었다면 어떤 불편한 점이 있었을까요? 직접 원하는 음식을 요리해 먹거나 집에서 나와 식당까지 가야만 해요. 이러한 불편함을 해결한 방법이 바로 배달음식이에요. 요리를 하기도 귀찮고 집에서 나가는 것도 싫은 날에는 배달음식을 이용해 보세요.

배달음식은 손님이 식당까지 찾아가는 것을 반대로 바꾸었어요. 손님이 식당까지 직접 가는 것과 반대로 식당에서 맛 좋은 음식을 요리해서 손님이 있는 곳까지 가져다 줘요. 집, 학교, 공원 등 내가 어디에 있든지 원하는 장소에서 음식을 주문해 먹을 수 있어요.

진짜 편해~

그렇구나.

인간은 참 편하겠다...

반대로 하기

반대로 바꾼 트레드밀

트레드밀은 '러닝머신'이라는 이름으로 잘 알려져 있어요. 트레드밀의 발판은 우리가 걷는 방향과 반대 방향으로 움직여요. 그래서 트레드밀을 이용하면 실내에서도 계속해서 걷거나 달릴 수가 있어요.

사방이 막혀 있는 집 안에서는 오래 달릴 수가 없어요. 운동을 하기 위해서는 집 밖으로 나가야 했어요. 비가 많이 내리는 날이면 달리기가 어려웠어요. 비에 신발이 젖어 축축해지고, 길도 미끄러워서 위험해요. 너무 덥거나 추운 날에도 밖에서 달리기 어려워요.

이런 고민을 해결하기 위해 트레드밀이 탄생했어요. 트레드밀에는 모터가 달려 있어서 발판이 계속해서 돌아가요. <u>발판이 움직이는 방향을 우리가 걷는 방향과 반대로 바꾸었어요.</u> 그래서 아무리 오래 달려도 제자리에 있을 수 있어요.

실내에서 달리자~

아항!

이제 알겠어~

3 고민 해결!

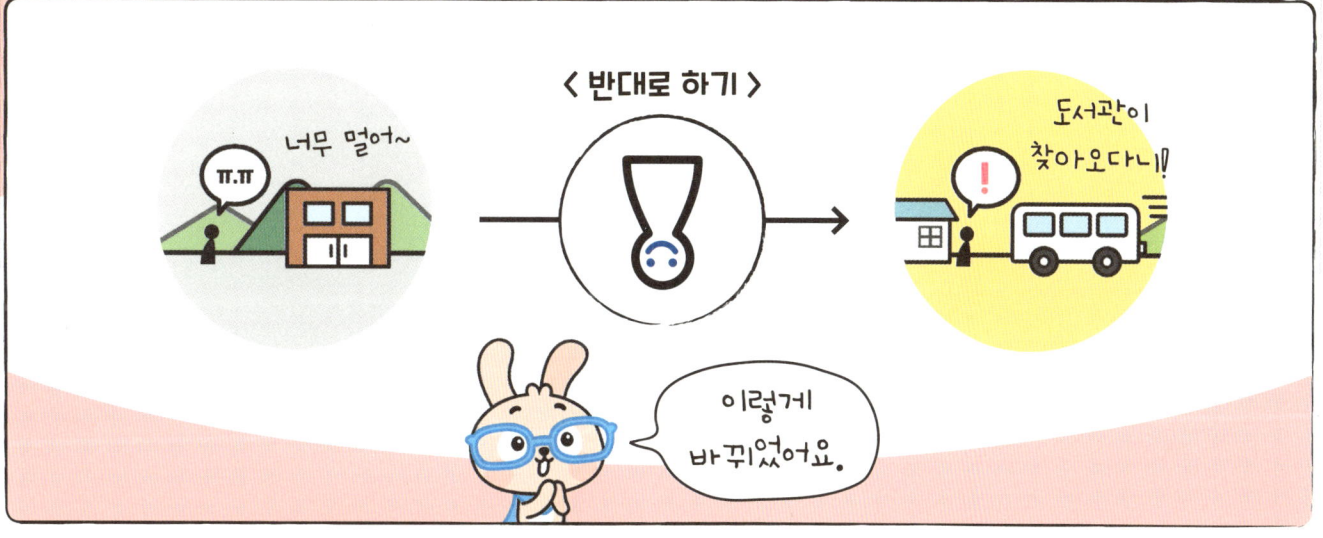

 고민 해결 정리

반대로 바꾼 이동 도서관

토토가 반대로 하기 원리를 이용해서 찾아오는 도서관을 상상했어요. 도서관이 집 근처까지 찾아오게 만든다면 멀리까지 가지 않아도 책을 빌려 볼 수 있을 거예요.

이동 도서관은 토토가 제안한 아이디어처럼 사람들이 도서관에 가는 대신 도서관이 사람들에게 가도록 만들었어요. 책을 가득 실은 버스가 도서관이 없는 작은 마을에 찾아가 사람들에게 도서관이 되어 주어요.

이동 도서관이 등장하기 전에는 사람들이 도서관까지 찾아가야만 했어요. 마을 안에 도서관이 없다면 책을 빌려 읽기 위해 멀리 떨어진 다른 마을까지 가야만 했지요. 하지만 <mark>이동 도서관은 사람들이 도서관까지 찾아가는 것을 반대로 바꾸었어요.</mark> 우리 마을까지 찾아오는 이동 도서관 덕분에 멀리 가지 않아도 편하게 책을 빌려 볼 수 있어요.

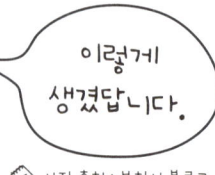

이렇게 생겼답니다.

사진 출처 : 부천시 블로그

짜잔~

반대로 하기

발명 이야기

책을 사랑한 황제, 나폴레옹

나폴레옹 보나파르트(Napoléon Bonaparte)는 어렸을 적부터 책을 즐겨 읽었어요. 그는 훗날 프랑스의 마지막 황제가 되어 뛰어난 전술*로 많은 전쟁에서 승리를 거두었어요.

황제가 되어서도 나폴레옹의 책에 대한 사랑은 변함이 없었어요. 나폴레옹은 사서를 여러 명 고용해서 자신의 책을 관리하게 했어요. 그의 사서들은 나폴레옹의 곁을 따라다니며 나폴레옹이 원하는 책을 바로 찾아 주는 일을 했어요. 전쟁터를 누비는 말안장 위에 앉아서도 나폴레옹은 사서*에게 책을 받아 읽곤 했어요.

이런 일이 가능했던 이유는 바로 나폴레옹의 '이동 도서관' 덕분이었어요. 나폴레옹은 신하들에게 책을 많이 담을 수 있는 튼튼한 나무 가방을 만들게 했어요. 나무 가방 하나에는 책 60권을 담을 수가 있었습니다.

나무 가방 덕분에 어딜 가든지 수백 권의 책들을 가지고 다닐 수가 있게 되었어요. 이집트를 정복하러 갈 때에는 1000여 권의 책을 가득 실은 책 마차가 나폴레옹의 곁을 따라 다녔어요.

이렇게 나폴레옹은 책을 볼 수 없는 환경에서도 가방이나 마차를 이용해서 원하는 책들을 항상 곁에 둘 수 있었어요. 나폴레옹이 가는 곳에는 언제나 그의 '이동 도서관'이 따라다닌 셈이었죠. 나폴레옹은 살아 있는 동안 무려 8000권이 넘는 책을 읽었다고 해요.

* 전술 : 전쟁 상황에서 적군의 공격에 대처하는 기술과 방법이에요.
* 사서 : 책을 전문적으로 관리하는 사람을 말해요.

실제로 이렇게 발명이 되었구나!

개미 사전에 불가능은 없다

4 맞춰 보세요!

부록의 스티커를 붙이면서  내용을 정리해 보아요!

↙ 순서나 방향을 반대로 바꾸어 보라는 원리는 무엇일까요?

↙ 이 원리를 표현하는 토리즈를 붙여 보세요.

날 덮지 말아줘~

반대로
하기

아까 설명한
반대로 하기
원리의 사례들이야.
기억하고 있지?

사례 스티커를
붙여 보세요.

불편한 점 음식을 사먹으려면 식당까지 직접 가야 한다.
바꾼 것 손님이 식당까지 가는 대신 음식을 손님이 있는 곳까지 배달해 준다.
좋아진 점 원하는 장소에서 음식을 주문해 먹을 수 있다.

당연하지~

불편한 점 집 안에서는 오래 달릴 수 없다.
바꾼 것 우리가 걷는 방향과는 반대 방향으로 발판이 움직이도록 만들었다.
좋아진 점 집 안에서도 계속 달릴 수 있다.

아하, 기억 났어.

불편한 점 멀리 떨어져 있는 도서관까지 찾아가기가 어렵다.
바꾼 것 도서관까지 찾아가는 대신 도서관이 마을 가까이 찾아오게 만들었다.
좋아진 점 멀리 가지 않아도 책을 빌려 볼 수 있다.

5
우리도 해봐요!

반대로 하기 미션 1 :: **탐색**하기

반대로 하기

사파리 투어

이게 바로 **탐색 노트**에요.

불편한 점 우리 안에 갇혀 있는 동물들의 자연스러운 모습을 보기 어렵다.

바꾼 것 동물 대신 사람이 차에 갇혀 동물 사이를 돌아다닌다.

좋아진 점 동물들의 자연스러운 모습을 가까이에서 생동감 있게 볼 수 있다.

개미도 볼 수 있나?!

쨘~~~!!!

사진 출처 : 에버랜드

토토와 리리가 찾은 내용들을 **탐색 노트**에 정리했어요. 이제 우리 친구들이 직접 해 볼까요?

다음 페이지로 GO, GO!

⭐ 탐색 노트 ⭐

146쪽

온라인 수업

탐색 노트를 <u>완성</u>해 보세요.

불편한 점 수업을 들으려면 학교까지 꼭 가야 한다.

바꾼 것

좋아진 점

홈쇼핑

텔레비전에서 봤어~

불편한 점 매장까지 직접 가야만 물건을 살 수 있다.

바꾼 것

좋아진 점

68

⭐ 탐색 노트 ⭐

찾은 대상의 이름을 적어 주세요.

이제는 **혼자서 찾아볼 차례에요.** 반대로 하기가 적용된 대상을 찾아 정리해 보세요.

찾은 대상을 그림으로 그려 보세요.

불편한 점

바꾼 것

좋아진 점

또 어떤 것들이 있을까?

불편한 점

바꾼 것

좋아진 점

주위을 잘 둘러봐.   너라면 할 수 있어~

반대로 하기 미션 2 :: 상상하기

자, 이번에는 발명의 비밀을 이용해서 **새로운 상상**을 해 볼 거에요.

동그라미 안에 생각나는 것들을 적어 볼까요?

〈 내가 가본 장소들 〉

학교

이것들 중에 무엇을 바꿔 볼까?

나는 학교를 바꿔 볼래.

★ 상상 노트 ★

이름 : 리리

반대로 하기

바꿀 대상
학교

발명의 비밀
반대로 하기

자신만의 상상을 그림으로 표현합니다.

우리집.

 거인이다!

좋아진 점
내가 학교에 가는 대신 학교가 내가 있는 곳까지 찾아온다.

친구들의 의견
멀리 갈 필요가 없어서 좋아요.

❶ 친구들에게 소개한 후 의견을 받아 적으세요.

❷ 상상 그림을 공유해 보세요!

정말 멋진걸~

71

⭐ **상상 노트** ⭐   이름 : _____

앞에서 적은 것들 중에 무엇을 바꿔 볼래요?

바꿀 대상	발명의 비밀

자신만의 상상을 그림으로 표현합니다.

좋아진 점	친구들의 의견

도와줘! 147쪽

⭐ 상상 노트 ⭐   이름: _____

아무거나 상상해 보자.

반대로 하기

바꿀 대상	발명의 비밀

자신만의 상상을 그림으로 표현합니다.

좋아진 점	친구들의 의견

기발한데?   QR코드로 공유해 볼까?

73

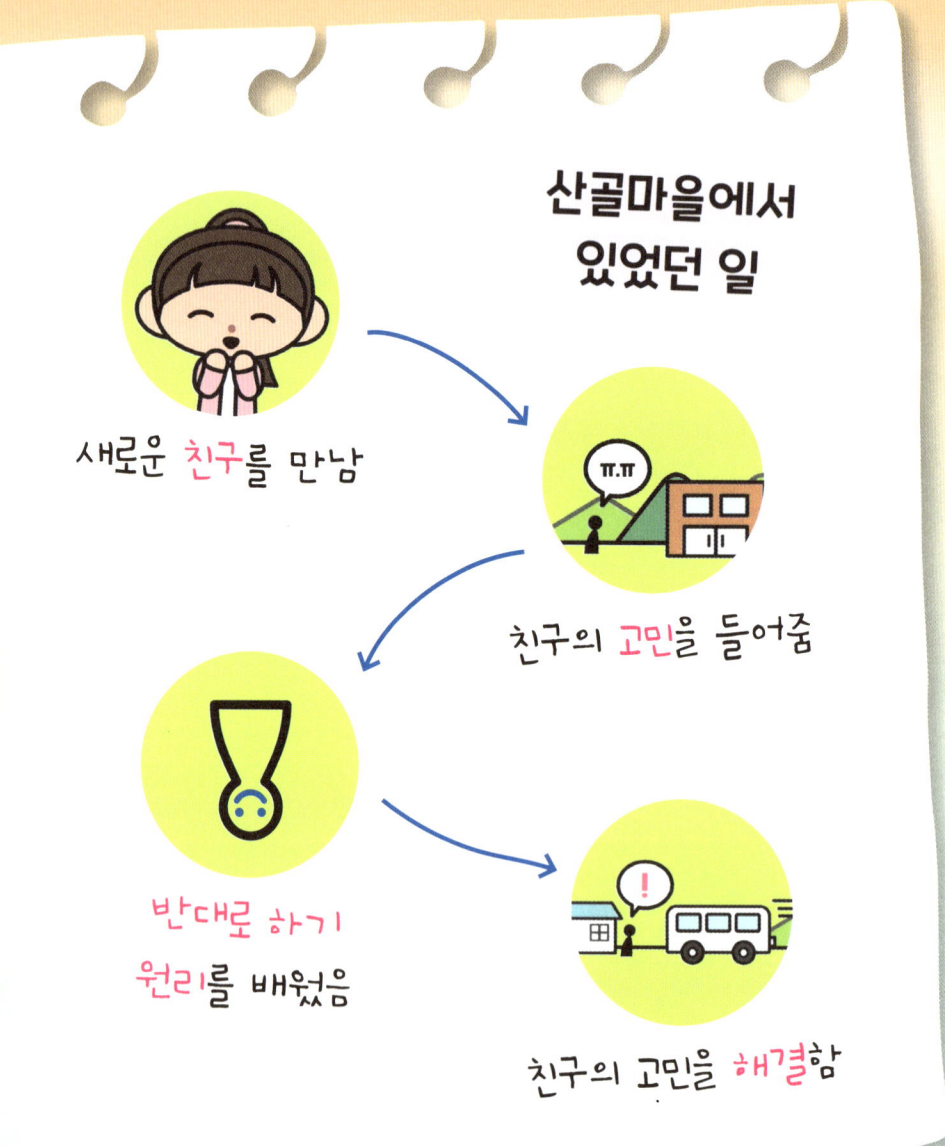

반대로 하기

도서관이 너무 멀어서 찾아가기 힘들어했던 친구의 고민을 반대로 하기 원리로 멋지게 해결했어요.
이제 다음 고민을 만나 볼까요?

QR코드를 스캔하면 오늘 배운 내용을 복습할 수 있어요.

제 3 화

집+집+집

발명의 비밀 : 입체로 만들기

도시마을에는 사람들이 많이 모여 살아요.
그래서 집들이 많이 지어져 있답니다.
앗, 저기 한 친구가 한숨을 크게 쉬고 있어요.
무슨 일이 있는 걸까요?

입체로 만들기

인간들의 집은 특이하게 생겼네?

어휴우우.....

79

1 고민 있어요!

입체로
만들기

입체로 만들기

제 생각도 들어 주세요~

뺨!

바닷속을 마음껏 구경할 수 있도록 바닷속을 돌아다니는 집을 짓는 방법도 있어요.

물고기야 안녕~

와아!

잠수함 같고 멋지다!

와, 정말 멋진데요?

이제 우리 함께 더 많은 상상을 할 수 있는 발명의 비밀을 알아볼까요?

다음 페이지로 GO, GO!

2 이렇게 해봐요!

고민 해결을 도와줄 발명의 비밀은 '입체로 만들기' 원리에요. 입체로 만들기는 평평한 것을 입체로 만들어 보라는 지혜에요. 평평한 책 속에 있다가 튀어나오니 드디어 살 것 같네요.

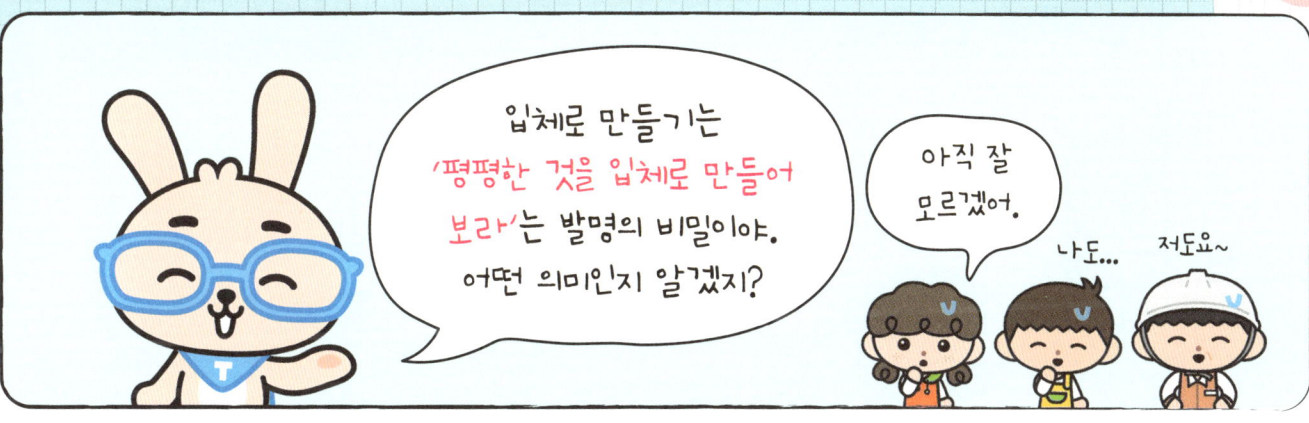

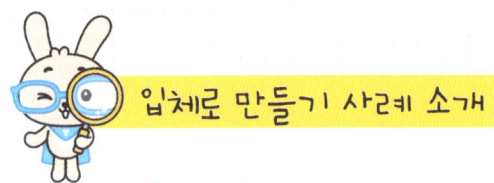

입체로 만들기 사례 소개

입체로 만든 팝 업 북

첫 번째로 알아볼 발명은 바로 팝업북이에요. 팝업북을 펼치면 평평했던 그림이 입체로 튀어나와요. '팝업(Pop-up)'이라는 말은 튀어나와서 깜짝 놀라게 한다는 뜻이에요.

책에는 재미있는 이야기가 담겨 있어요. 그런데 평평한 종이에는 이야기를 생동감* 있게 표현하기가 어려워요. 이런 고민을 해결하기 위해 팝업북이 탄생했어요. <mark>팝업북은 접힌 종이를 여러 겹으로 붙여서 입체로 만들었어요.</mark>

팝업북을 펼치면 그림이 움직이면서 입체로 튀어나와요. 움직이는 그림 덕분에 이야기가 내 눈앞에서 펼쳐지는 것처럼 생생하게 느껴져요. 그래서 더욱 재미있게 책을 읽을 수 있어요.

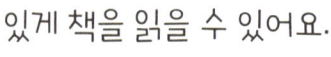

* 생동감: 살아 움직이는 느낌을 말해요.

사진 출처: 메이지 하우스 앤 가든 팝업북

입체로 만들기

입체로 만든 3D 영화

3D 영화는 '입체 영화'라고 불리기도 해요. 왜냐하면 평평한 영화의 장면을 입체로 만들어 튀어나와 보이도록 만들었기 때문이에요.

우리의 눈은 세상을 입체로 인식해요. 그런데 2D 영화는 평평한 스크린에 영상을 비추어 보여주기 때문에 생생하게 느껴지지 않아요.

이러한 고민을 해결하기 위해 <u>3D 영화는 두 개의 영상을 겹쳐서 영화 장면이 입체로 튀어나와 보이도록 만들었어요.</u> 덕분에 영화 속 장면들이 내 눈앞에서 펼쳐지는 것처럼 생생하게 느껴져요.

＊최근에는 의자의 움직임과 바람, 물, 냄새 등을 이용해 다양한 감각을 함께 느낄 수 있는 4D 영화도 있어요.

개미용 입체 안경도 있나?

이런 안경 본 적 있나요?

아항.

이제 알겠어~

3 고민 해결!

입체로 만들기

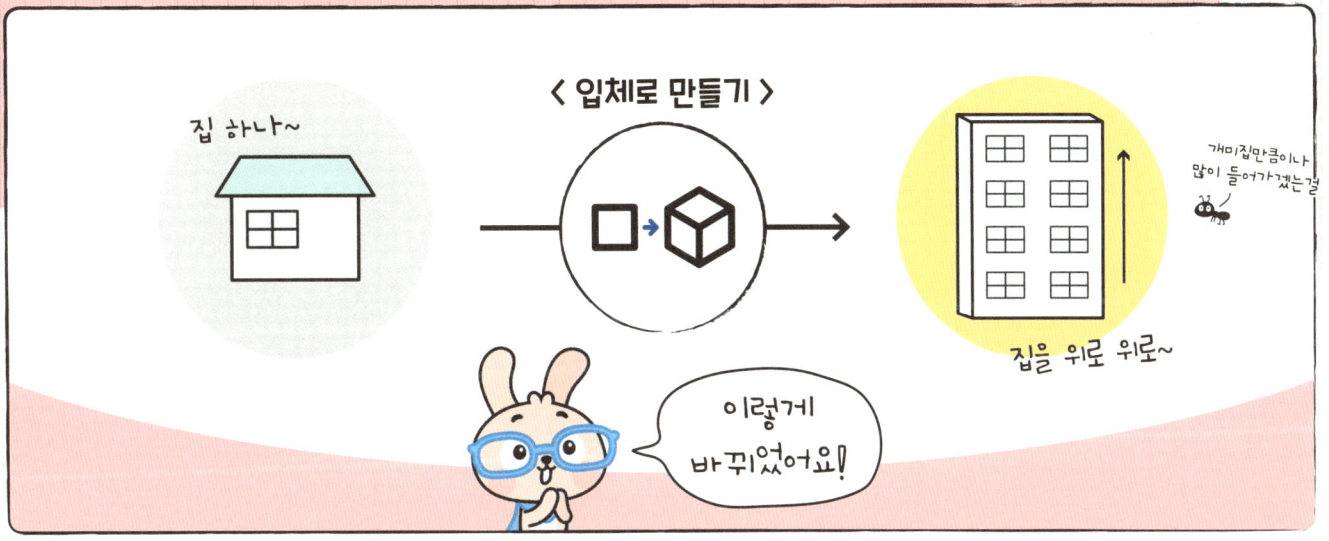

입체로 만든 아 파 트

리리가 입체로 만들기 원리를 이용해서 위로 쌓아 올린 집을 상상했어요. 집을 여러 층으로 쌓아서 짓는다면 집을 지을 땅이 부족해도 더 많은 집을 지을 수 있을 거에요.

아파트는 리리가 제안한 아이디어처럼 집 위에 집을 쌓아 올려 지은 집이에요. 아파트가 있기 전에는 여러 채의 집을 짓기 위해서는 그만큼의 많은 땅이 필요했어요. 많은 사람들이 모여 사는 도시에는 이미 많은 집을 지었기 때문에 더 이상 집을 지을 땅이 부족해요.

이런 문제를 해결하기 위해 생겨난 발명이 바로 아파트에요. <u>아파트는 집을 여러 층으로 쌓아 올려서 입체로 만들었어요.</u> 그러자 좁은 땅에도 많은 집을 지을 수 있게 되었어요. 집 한 채를 지을 수 있는 땅에 여러 채의 집을 지을 수가 있었거든요. 그러자 더 많은 사람들이 도시에서 함께 살아갈 수 있게 되었어요.

본 적 있죠?

입체로 만들기

발명 이야기

세계 최초의 아파트, 인슐라

도시에는 사람들이 많이 모여들어요. 아파트는 집을 위로 쌓아 올려서 좁은 공간에도 더 많은 집을 지을 수 있도록 만들었어요. 그렇다면 오늘날에도 많은 사람들이 살고 있는 아파트는 과연 언제부터 시작되었을까요?

고대 로마 제국의 수도였던 로마 시(市)에는 정말 많은 사람들이 모여 살았어요. 도시의 땅은 이미 집으로 꽉 차 있었지만 더 많은 집이 필요했어요.

이 문제를 해결하기 위해서 집 위에 집을 쌓아 올린 '인슐라(Insula)'가 탄생하게 되었어요. 5~7층으로 이루어진 인슐라는 세계 최초로 만들어진 여러 층으로 된 집이에요.

인슐라의 1층은 한쪽 벽을 뚫어 여러 사람이 이용하는 상점이나 공용 화장실, 창고 등으로 사용되었어요. 2층부터는 사람들이 사는 집으로 사용되었어요. 엘리베이터가 없던 당시에는 계단으로 모든 층을 힘들게 걸어 올라가야만 했어요. 그래서 높은 층일수록 가격이 저렴했어요.

기원전 4세기 정도에는 무려 4만 6천 여 채가 넘는 인슐라가 지어졌다고 해요. 인슐라 덕분에 그만큼 많은 사람들이 도시에서 살아갈 수 있게 되었어요.

인간도 꽤 오래 살았는걸?!

실제로 이런 일이 있었구나!

4 맞춰 보세요!

부록의 스티커를 붙이면서  내용을 정리해 보아요!

평평한 것을 입체로 만들어 보라는 원리는 무엇일까요?

이 원리를 표현하는 토리즈를 붙여 보세요.

입체로 만들기

사례 스티커를 붙여 보세요.

아까 설명한 **입체로 만들기** 원리의 사례들이야. 기억하고 있지?

불편한 점 평평한 종이에는 이야기를 생동감 있게 표현하기 어렵다.
바꾼 것 접힌 종이를 여러 겹으로 붙여서 입체로 만들었다.
좋아진 점 그림이 내 눈앞에서 펼쳐지는 것처럼 생생하다.

당연하지~

불편한 점 장면을 현실처럼 생동감 있게 표현하기 어렵다.
바꾼 것 두 개의 영상을 겹쳐서 입체로 만들었다.
좋아진 점 내 눈앞에서 펼쳐지는 것처럼 생생하다.

아하, 기억 났어.

불편한 점 좁은 땅에는 집을 많이 지을 수 없다.
바꾼 것 집을 여러 층으로 쌓아 올려서 입체로 만들었다.
좋아진 점 좁은 땅에도 많은 집을 지을 수 있다.

5
우리도 해봐요!

입체로 만들기 미션 1 :: **탐색**하기

입체로 만들기

정말 잘 찾았어.

자, 찾은 사례를 **탐색 노트**에 정리해 볼-

...너희들 정말 빠르구나!

히히~

당연하지~

이층 버스

움직이는 집인가?!

이게 바로 **탐색 노트**에요.

불편한 점 버스에 사람을 태울 공간이 부족하다.

바꾼 것 버스를 버스 위에 쌓아 올려서 입체로 만들었다.

좋아진 점 버스 한 대에 더 많은 사람이 탈 수 있다.

쨘~~~!!!

토토와 리리가 찾은 내용들을 **탐색 노트**에 정리했어요. 이제 우리 친구들이 직접 해 볼까요?

다음 페이지로 GO, GO!

탐색 노트

탐색 노트를 **완성**해 보세요.

버스 돌출형 번호판

불편한 점 정류장에서 내가 타야 하는 버스를 찾기 어렵다.

바꾼 것

좋아진 점

너도 해 봤니?

포켓몬 고 게임

불편한 점 핸드폰 화면에서만 하는 게임은 너무 심심하다.

바꾼 것

좋아진 점

사진 출처 : pokemongolive.com/en

148쪽

입체로 만들기

⭐ 탐색 노트 ⭐

찾은 대상의 이름을 적어 주세요.

이제는 혼자서 찾아볼 차례에요. 입체로 만들기가 적용된 대상을 찾아 정리해 보세요.

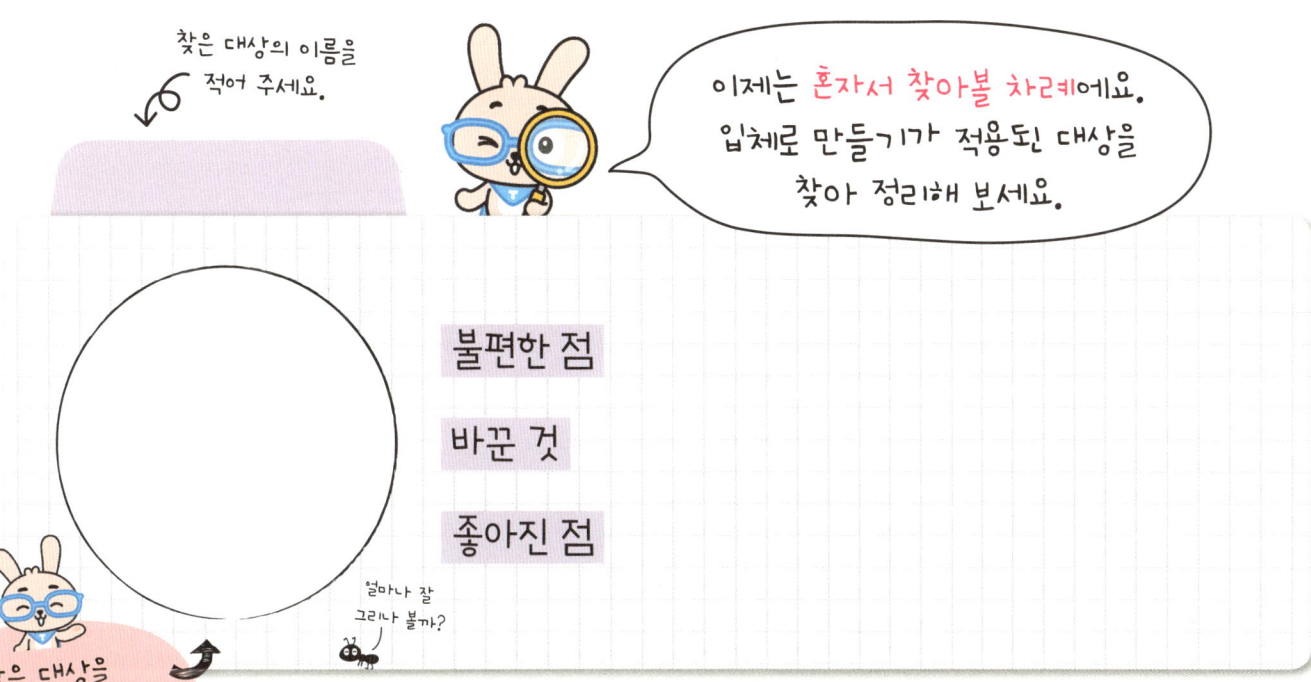

- 불편한 점
- 바꾼 것
- 좋아진 점

찾은 대상을 그림으로 그려 보세요.

얼마나 잘 그리나 볼까?

또 어떤 것들이 있을까?

- 불편한 점
- 바꾼 것
- 좋아진 점

 주위를 잘 둘러봐.

 너라면 할 수 있어~

입체로 만들기 미션 2 :: 상상하기

자, 이번에는 발명의 비밀을 이용해서 새로운 상상을 해 볼 거에요.

동그라미 안에 생각나는 것들을 적어 볼까요?

< 가방 안에 들어있는 것들 >

핸드폰

이것들 중에 무엇을 바꿔 볼까?

이번에는 핸드폰을 바꿔 볼 거야.

 입체로 만들기

⭐ 상상 노트 ⭐

이름 : 토토

바꿀 대상
핸드폰

발명의 비밀
입체로 만들기

자신만의 상상을 그림으로 표현합니다.

좋아진 점
전화할 때 친구의 모습이 입체로 보인다.

친구들의 의견
할머니가 보고 싶을 때 사용하고 싶어요.

① 친구들에게 소개한 후 의견을 받아 적으세요.

② 상상 그림을 공유해 보세요!

정말 멋진걸~

149쪽

앞에서 적은 것들 중에 무엇을 바꿔 볼래요?

 상상 노트

이름 : _____

바꿀 대상

발명의 비밀

자신만의 상상을 그림으로 표현합니다.

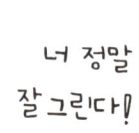

너 정말 잘 그린다!

좋아진 점

친구들의 의견

상상해 보자.

도와줘! 149쪽

⭐ 상상 노트 ⭐

이름 : _____

아무거나 상상해 보자.

입체로 만들기

바꿀 대상

발명의 비밀

자신만의 상상을 그림으로 표현합니다.

좋아진 점

친구들의 의견

기발한데?!

QR코드로 공유해 볼까?

여기 서 있으면 카메라에 나온다며?

101

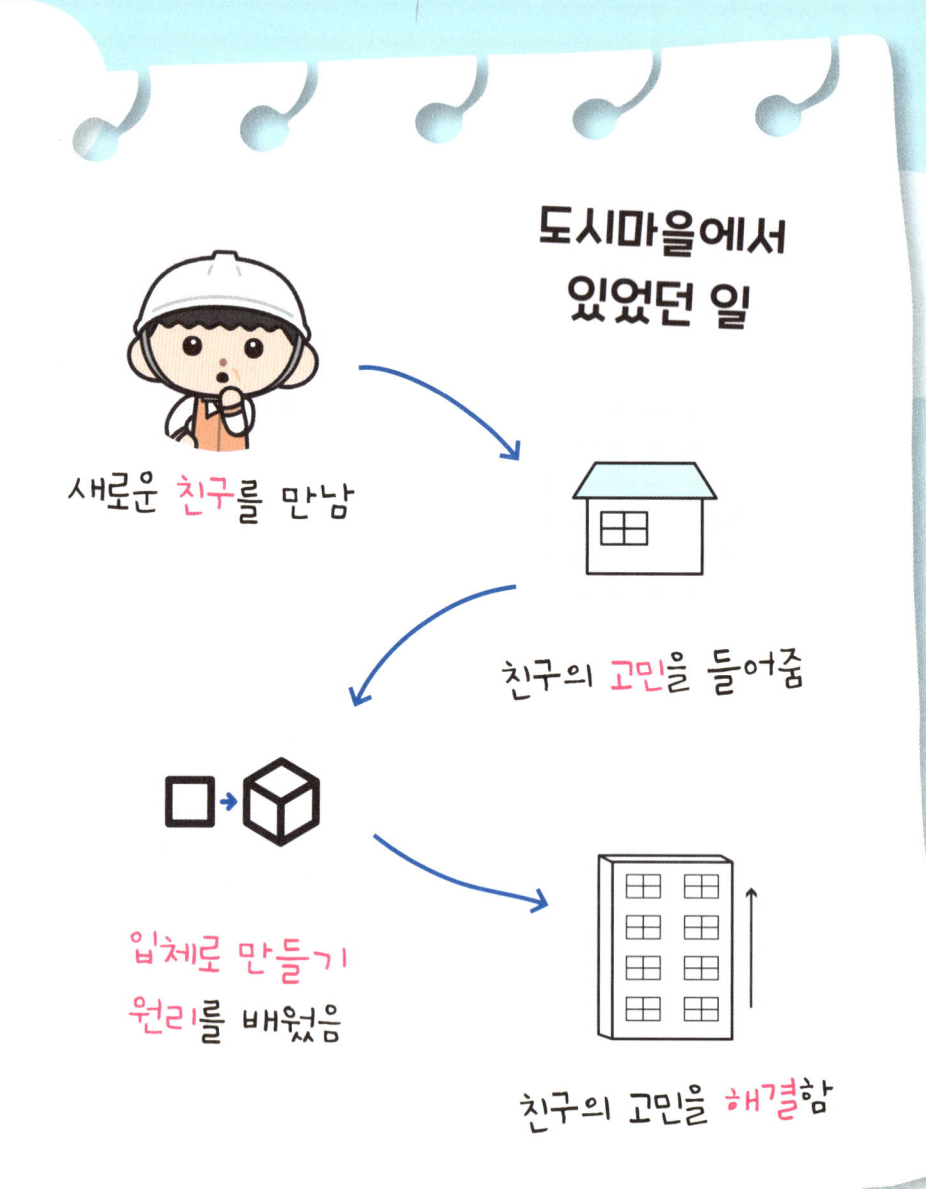

입체로 만들기

집을 지을 땅이 부족해서 힘들어했던 친구의 고민을
입체로 만들기 원리로 멋지게 해결했어요.
다음에는 어떤 고민을 해결하게 될까요?

여기 서있어도 카메라에 나온다며?

QR코드를 스캔하면 오늘 배운 내용을 복습할 수 있어요.

제 4 화

카메라를 부탁해

발명의 비밀 : 스스로 하게 만들기

여행마을에는 놀거리가 가득해요.
예쁜 꽃도 환하게 피어 있답니다.
그런데 저기 혼자 서 있는 한 친구가 보이네요.
무슨 일이 있는 걸까요?

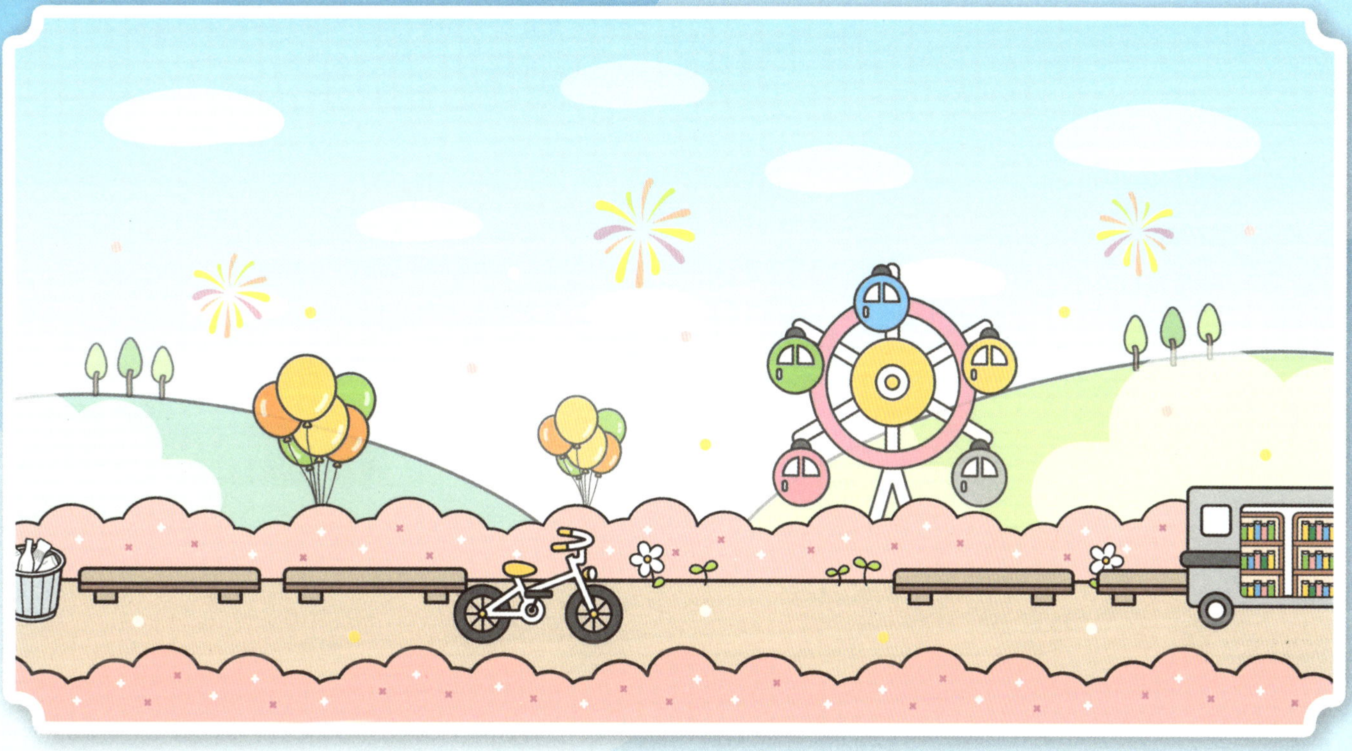

스스로 하게 만들기

아휴우우.....

1
고민 있어요!

2
이렇게 해봐요!

 고민 해결을 도와줄 발명의 비밀은 '스스로 하게 만들기' 원리에요. 스스로 하게 만들기는 필요한 기능을 스스로 수행할 수 있도록 만들어 보라는 지혜에요. 저의 만능 로봇은 귀찮은 일들을 저 대신 알아서 척척 해 준답니다.

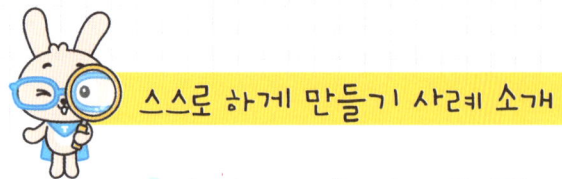

스스로 하게 만든 ······ 자동 수도꼭지

일반 수도꼭지는 직접 손잡이를 돌려서 물을 틀어야 해요. 힘이 약한 사람은 수도꼭지를 돌리기 어려워요. 키가 작은 어린이도 높은 손잡이까지 손이 닿지 않아요. 그래서 다른 사람의 도움이 있어야만 물을 사용할 수 있어요.

이러한 고민을 해결하기 위해 자동 수도꼭지가 만들어졌어요. 자동 수도꼭지에는 적외선 센서*가 붙어 있어요. 적외선 센서에 손을 가까이 가져가면 물 트는 일을 스스로 해 줘요. 그래서 손잡이를 손으로 직접 돌릴 필요가 없어요.

자동 수도꼭지에 손을 가까이 가져가면 물이 자동으로 틀어져요. 손을 다 씻은 다음 천천히 손을 떼어내면 손잡이를 돌리지 않아도 물이 자동으로 잠겨서 편리해요.

*적외선 센서 : 우리 몸이 가지고 있는 열에 반응해서 수도꼭지를 작동하게 만드는 장치예요. 자동문이나 로봇청소기에도 적외선 센서가 사용되고 있어요.

손을 가까이 가져가 봐.

와아~

나는 어느 다리를 내밀지?

스스로 하게 만들기

스스로 하게 만든 로봇청소기

 귀찮고 힘든 일들을 나 대신 누군가가 해 준다면 얼마나 좋을까요? 청소도 그런 일들 중 하나일 거에요. 로봇청소기는 우리 대신에 집안 구석구석을 꼼꼼하게 청소해주는 발명이에요.

 집을 깨끗하게 하기 위해서는 매일 집을 청소해야 해요. 우리 눈에 보이지는 않지만 집 안에 매일 먼지가 새로 쌓이기 때문이에요. 하지만 매일 무거운 청소기로 집 안 곳곳을 청소하는 일은 귀찮고 힘들어요.

 <u>로봇청소기는 우리가 직접 청소하지 않아도 집 안 곳곳을 돌아다니며 스스로 청소해주는 로봇이에요.</u> 충전할 때가 되면 알아서 충전기로 돌아가서 충전도 해요. 로봇청소기 덕분에 내가 직접 청소하지 않아도 집을 깨끗하게 할 수 있지요.

고민 해결 정리

스스로 하게 만든 ──────── 셀 카 봉

　　토토가 스스로 하게 만들기 원리를 이용해서 스스로 카메라를 들 수 있는 막대기를 상상했어요. 긴 막대 끝에 카메라를 매달면 다른 사람이 카메라를 들어 주지 않아도 혼자서도 내 모습을 카메라에 담을 수 있을 거에요.

　　셀카봉은 토토가 떠올린 아이디어처럼 긴 막대에 카메라를 매달아서 자신의 모습을 스스로 사진 찍을 수 있게 만든 발명이에요. 셀카봉이 만들어지기 전에는 다른 사람이 카메라를 대신 들고 내 모습을 찍어 주어야 했어요. 만약 혼자서 여행을 한다면 모르는 사람들에게 부탁하기가 어려워요.

이렇게 생겼답니다.

이러한 고민을 해결하기 위해 셀카봉이 발명되었어요. 셀카봉은 카메라를 긴 막대에 달아 조금 떨어진 곳에서 카메라 드는 일을 스스로 하게 만들었어요. 덕분에 내 모습을 카메라 안에 담을 수 있게 되었어요. 다른 사람의 도움 없이 내 모습이나 단체사진을 마음껏 찍을 수 있어요.

멋지죠?

발명 이야기

도둑맞은 카메라와 바꾼 발명

일본의 우에다 히로시는 아내와 함께한 유럽 여행에서 프랑스의 루브르 박물관을 방문했어요. 레오나르도 다빈치의 <모나리자>를 비롯한 웅장한 그림들이 가득 있었죠. 우에다는 때마침 지나가던 한 소년에게 사진기를 쥐어 주며 아내와 자신의 모습을 찍어 달라고 부탁했어요.

우에다는 아내와 행복한 표정으로 포즈를 취하고 있었어요. 그때였어요. 소년이 점점 뒷걸음질을 치기 시작하더니 카메라를 들고 그대로 달아나기 시작했어요. 멋진 그림을 배경으로 한 사진을 한 장 남기고 싶었을 뿐인데, 카메라를 도둑맞았으니 너무나 속이 상할 수밖에 없었어요.

'이제는 다른 사람에게 카메라를 믿고 맡길 수가 없겠어. 하지만 다른 사람의 도움 없이 사진을 찍어 보려 해도 팔이 너무 짧아서 카메라 안에 내 모습을 담을 수가 없어.'

'어떻게 하면 다른 사람에게 부탁하지 않아도 카메라로 내 모습을 찍을 수 있을까?'

일본으로 돌아온 그는 열심히 고민했어요. 그러던 중에 좋은 방법이 떠올랐습니다. 바로 기다란 막대기 끝에 카메라를 매달아 사진을 찍는 것이었죠. 그는 카메라를 튼튼하게 고정할 수 있는 막대기를 만들었어요. 막대기는 원하는 만큼 길이를 늘릴 수 있었어요. 사진을 찍어보니 팔을 멀리 뻗지 않아도 자신의 모습이 카메라 안에 들어왔어요.

1984년, 셀카봉이 탄생하게 되었어요. 셀카봉 덕분에 사람들은 다른 사람에게 부탁하지 않아도 여행지에서 멋진 추억을 사진으로 남길 수 있게 되었어요.

4 맞춰 보세요!

부록의 스티커를 붙이면서 내용을 정리해 보아요!

필요한 기능을 스스로 수행할 수 있게 만들어 보라는 원리는 무엇일까요?

이 원리를 표현하는 토리즈를 붙여 보세요.

스스로 하게 만들기

사례 스티커를 붙여 보세요.

아까 설명한 *스스로 하게 만들기* 원리의 사례들이야. 기억하고 있지?

불편한 점 수도꼭지를 돌려 물을 틀기 어렵다.
바꾼 것 물 트는 일을 스스로 하게 만들었다.
좋아진 점 수도꼭지를 돌리지 않아도 물을 쓸 수 있다.

당연하지~

불편한 점 매일 집안 곳곳을 청소하는 일은 귀찮고 힘들다.
바꾼 것 작은 로봇이 청소를 스스로 하게 만들었다.
좋아진 점 내가 직접 청소하지 않아도 집을 깨끗하게 할 수 있다.

아하, 기억 났어~

불편한 점 다른 사람에게 사진을 찍어달라고 부탁해야 한다.
바꾼 것 카메라 드는 일을 스스로 하게 만들었다.
좋아진 점 다른 사람의 도움이 없어도 내 모습을 사진 찍을 수 있다.

5
우리도 해봐요!

스스로 하게 만들기 미션 1 :: 탐색하기

일회용 딸기잼

불편한 점 스푼으로 딸기잼을 덜어 먹을 때 잼이 손에 묻는다.

바꾼 것 딸기잼 더는 일을 스스로 하게 만들었다.

좋아진 점 스푼 없이도 잼을 덜어 먹을 수 있다.

★ 탐색 노트 ★

무인 주문기

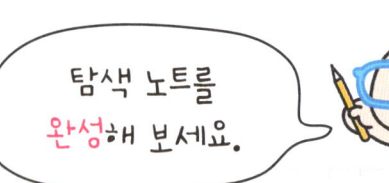

불편한 점 너무 바쁘면 사람이 직접 주문을 받기 힘들다.

바꾼 것

좋아진 점

뷔페

마음껏 골라 먹을 수 있어~

불편한 점 식당에서는 다양한 메뉴를 먹기가 어렵다.

바꾼 것

좋아진 점

다 먹으려면 몇 백 년은 걸리겠는걸...

사진 출처 : pixabay.com/images/id-3955616

⭐ 탐색 노트 ⭐

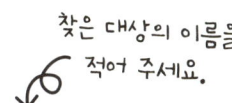

이제는 혼자서 찾아볼 차례예요. 스스로 하게 만들기가 적용된 대상을 찾아 정리해 보세요.

- 불편한 점
- 바꾼 것
- 좋아진 점

또 어떤 것들이 있을까?

- 불편한 점
- 바꾼 것
- 좋아진 점

주위를 잘 둘러봐.   너라면 할 수 있어~

스스로 하게 만들기 미션 2 :: 상상하기

자, 이번에는 발명의 비밀을 이용해서 **새로운 상상**을 해 볼 거예요.

동그라미 안에 생각나는 것들을 적어 볼까요?

〈 집에서 볼 수 있는 것들 〉

안경

이것들 중에 무엇을 바꿔 볼까?

아빠가 쓰시는 안경을 바꿔 볼래.

 상상 노트

이름 : 리리

스스로 하게 만들기

바꿀 대상

안경

발명의 비밀

스스로 하게 만들기

자신만의 상상을 그림으로 표현합니다.

뽀득뽀득

거품이 나와서 안경이 깨끗하게 닦여요.

① 친구들에게 소개한 후 의견을 받아 적으세요.

좋아진 점

안경을 쓰면 안경알이 스스로 깨끗해진다.

친구들의 의견

안경을 닦을 필요가 없으니 편리해요!

정말 멋진걸~

② 상상 그림을 공유해 보세요!

앞에서 적은 것들 중에 무엇을 바꿔 볼래요?

 상상 노트

이름 : _____

바꿀 대상	발명의 비밀

자신만의 상상을 그림으로 표현합니다.

너 정말 잘 그린다!

좋아진 점	친구들의 의견

상상해 보자~

151쪽

도와줘!

 151쪽

 스스로 하게 만들기

⭐ 상상 노트 ⭐ 이름: _____

아무거나 상상해 보자.
개미를 위한 상상도 좋고

| 바꿀 대상 | 발명의 비밀 |

자신만의 상상을 그림으로 표현합니다.

| 좋아진 점 | 친구들의 의견 |

기발한데? QR코드로 공유해 볼까?

129

스스로 하게
만들기

혼자서 자신의 모습을 사진 찍기 어려워했던 친구의 고민을
스스로 하게 만들기 원리로 멋지게 해결했어요.
이제 토토와 리리도 여행을 마치고
집으로 돌아갈 시간이 되었답니다.

QR코드를 스캔하면
오늘 배운 내용을
복습할 수 있어요.

제 5 화

드디어 집으로!

토리즈와 토토, 리리는 긴 여행을 마치고
처음 여행을 시작했던 학교 앞에 도착했어요.

많은 것을 얻은 여행이었어요.
하지만 이제는 헤어질 시간이 되었네요.

토리즈와 친구들은 서로 헤어져
각자의 집으로 돌아갔어요.

하지만 발명여행을 마치고 돌아간 이후, 토토의 일상에 변화가 생겼어요.

맛있는 피자를 배달시켜 먹을 때도 "집까지 오는 배달 음식은 반대로 하기 원리가 적용되었어."

재미있는 3D 영화를 볼 때도 "더 실감나는 3D 영화는 입체로 만들기가 적용되었어."

놀이공원에서 사진을 찍을 때도 발명의 비밀이 생각났어요. "내 얼굴을 직접 찍을 수 있는 건 스스로 하게 만들기 덕분이지."

"자꾸만 발명의 비밀이 생각나! 그렇다면…"

물론, 리리의 일상에도 변화가 생겼죠.

"빵 사이에 여러 재료가 포개어진 건 포개기가 적용된 거야."

맛있게 드세요

맛있는 햄버거를 먹을 때도

"팝업북에 입체로 만들기 원리가 적용되어서 진짜처럼 재미있어."

도서관의 책을 읽을 때도

"수도꼭지를 돌리지 않아도 물을 틀 수 있는 건 스스로 하게 만들기가 적용되었기 때문이야."

삑!

화장실에서 손을 씻을 때도 발명의 비밀이 생각났어요.

더 많은 발명의 비밀이 알고 싶어! 그렇다면...

137

토토와 리리가 일상에서 발명의 비밀을 떠올리는 동안
토리즈는 기대를 안고 손님을 기다리고 있었어요.

하지만 시간이 아무리 흘러도 손님은 찾아오지 않았어요.
그 순간...

손님은 아니지만 반가운 친구들이 찾아왔네요!

새로운 조수가 생긴 토리즈의 고민상담소!
앞으로 어떤 일들이 펼쳐지게 될까요?

다음 이야기를
기대해 주세요!

도와줄게!

도와줄게!

고양이를 구해줘!
발명의 비밀 : 포개기

⭐ **탐색 노트 완성하기** ·········· **40쪽**

햄버거

바쁘게 이동할 때는 여러 가지 음식을 먹기 어려워요. 햄버거는 빵 사이에 고기와 야채, 치즈 등 여러 가지 재료가 하나로 포개어져 있답니다.

덕분에 한 입만 베어 물어도 여러 가지 재료의 맛을 한 번에 즐길 수 있어요.

바퀴 달린 운동화

사진 출처 : www.heelys.eu.com/se

롤러스케이트를 타려면 운동화와 롤러스케이트를 따로 챙겨야 돼. 그래서 운동화 안에 바퀴를 포갠 바퀴 달린 운동화를 만들었어.

덕분에 간편하게 하나만 챙길 수 있어~

⭐ **탐색 노트 사례 찾기** ·········· **41쪽**

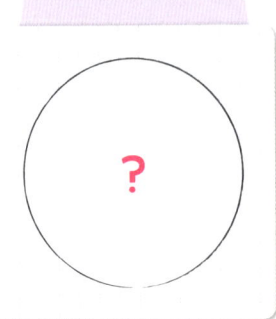

?

포개기 사례를 찾기 힘들다면
본체 속에 펜을 포개 넣은 핸드폰,
동그랗게 말아서 포개 넣은 줄자는 어때?

144

⭐ 바꿀 대상 찾기 · 42쪽

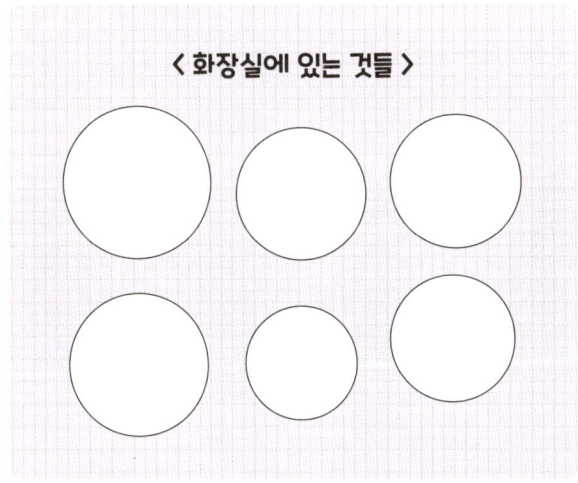

1. 외출 준비를 할 때 사용하는 것들을 떠올려 보세요. 예) 칫솔, ○○, ○○

2. 몸을 깨끗하게 씻을 때 사용하는 건 무엇인가요? 예) 샤워기, ○○, ○○

3. 공중화장실에서 사용했던 것을 떠올려 보세요. 예) 화장실 칸막이, ○○, ○○

⭐ 상상 노트 작성하기 · 44~45쪽

바꿀 대상	발명의 비밀
좋아진 점	친구들의 의견

포개기를 이용하면 같은 공간 안에 더 많은 것들을 담을 수 있어요.

내가 사용하는 물건들을 더 좋게 바꾸어 보세요.

아하, 샤워기의 줄을 포갤 수 있게 만들면 줄 길이를 내 마음대로 바꿀 수 있어.

포개기가 적용된 샤워기를 그림으로 그려 볼까?

도와줄게!

너무 너무 너무 멀어
발명의 비밀 : 반대로 하기

⭐ **탐색 노트 완성하기** ·· **66쪽**

온라인 수업

수업을 들으려면 학교까지 꼭 가야만 해요. 그래서 학교에 가는 대신 집에서도 수업을 들을 수 있는 온라인 수업이 생겼어요.

덕분에 집에서도 선생님의 수업을 들을 수 있답니다.

홈쇼핑

매장까지 직접 가야만 물건을 살 수 있어. 그래서 손님이 매장에 가는 대신 집에서 물건을 살 수 있는 홈쇼핑이 생겼어.

덕분에 물건을 집에서 주문하고 받아볼 수 있어~

⭐ **탐색 노트 사례 찾기** ·· **67쪽**

반대로 하기 사례를 찾기 힘들다면 케첩 뚜껑이 바닥으로 향한 거꾸로 케첩, 우리집까지 찾아오는 가정방문 선생님은 어때?

⭐ 바꿀 대상 찾기 ……………………………………………… 68쪽

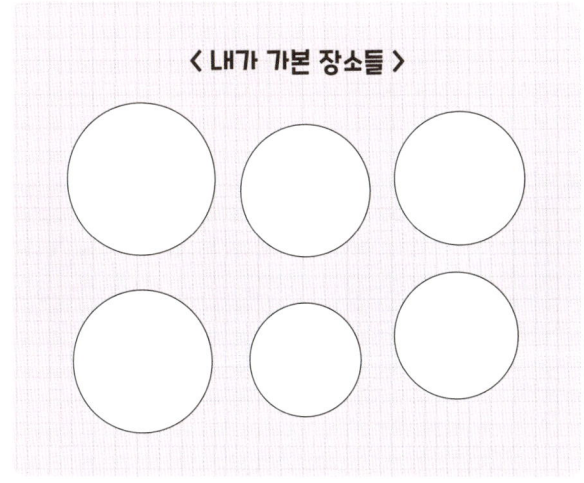

1. 학교에서 함께 가 본 장소를 떠올려 보세요.
   예) 박물관, ○○, ○○

2. 가족들과 함께 갔던 곳은 어디였나요?
   예) 동물원, ○○, ○○

3. 친구와 만나면 어디로 가나요?
   예) 영화관, ○○, ○○

⭐ 상상 노트 작성하기 ……………………………………… 70~71쪽

바꿀 대상	발명의 비밀
좋아진 점	친구들의 의견

반대로 하기를 이용하면 순서나 방향을 마음대로 바꿀 수 있어요.

내가 사용하는 물건들을 더 좋게 바꾸어 보세요.

아하, 놀이공원을 내가 있는 곳으로 찾아올 수 있게 만들면 멀리 가지 않아도 즐겁게 놀 수 있어.

반대로 하기가 적용된 놀이공원을 그림으로 그려 볼까?

147

도와줄게!

집+집+집
발명의 비밀 : 입체로 만들기

⭐ **탐색 노트 완성하기** ·· **96쪽**

버스 돌출형 번호판

정류장에는 버스가 많이 오기 때문에 내가 탈 버스인지 바로 알기가 어려워요. 버스 돌출형 번호판은 버스 앞문이 열릴 때 번호판이 접히면서 튀어나와 보이도록 입체로 만들었어요.

덕분에 내가 탈 버스를 쉽게 알아볼 수 있지요.

포켓몬 고 게임

핸드폰 화면에서만 하는 게임은 너무 심심해. 그런데 포켓몬 고 게임은 내 주변을 카메라로 비추면 게임 캐릭터가 튀어나오도록 입체로 만들었지.

덕분에 실제로 현실 세계에서 게임을 하는 것처럼 느낄 수 있어~

📷 사진 출처 : pokemongolive.com/en

⭐ **탐색 노트 사례 찾기** ·· **97쪽**

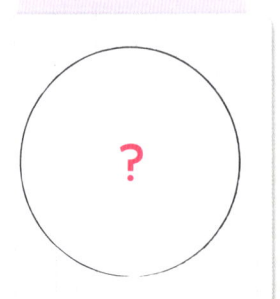

?

입체로 만들기 사례를 찾기 힘들다면 펼칠때 입체로 튀어나오는 팝업 카드, 내가 보는 화면이 입체로 보이는 VR안경은 어때?

⭐ 바꿀 대상 찾기 ……………………………………………… 98쪽

< 가방 안에 들어있는 것들 >

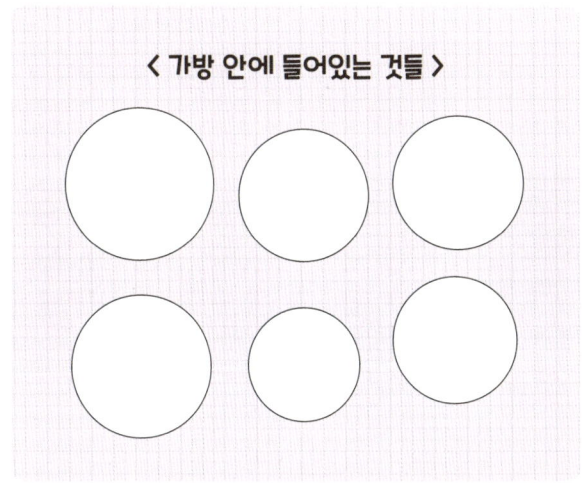

개미도
챙겨봐

1. 외출할 때 가방에 꼭 챙겨 다니는 물건에는 무엇이 있나요? 예) 이어폰, ○○, ○○

2. 여행을 떠날 때 챙겨야 할 물건을 떠올려 보세요. 예) 지갑, ○○, ○○

3. 학교에 가는 가방 안에는 무엇이 들어 있나요? 예) 필통, ○○, ○○

⭐ 상상 노트 작성하기 ……………………………………… 100~101쪽

바꿀 대상	발명의 비밀
자신만의 상상을 그림으로 표현하기	
좋아진 점	친구들의 의견

입체로 만들기를 이용하면 더 많은 공간을 활용할 수 있어요.

내가 사용하는 물건들을 더 좋게 바꾸어 보세요.

아하, 필통을 위로 펼쳐지게 만들면 더 많은 공간을 사용할 수 있어.

입체로 만들기가 적용된 필통을 그림으로 그려 볼까?

149

카메라를 부탁해
발명의 비밀 : 스스로 하게 만들기

⭐ **탐색 노트 완성하기** ……………………………………………………… **124쪽**

무인 주문기

너무 바쁘면 사람이 직접 주문을 받기가 힘들어요. 그래서 화면을 보면서 손님이 직접 주문할 수 있는 무인 주문기가 생겼어요.

덕분에 주문 받는 사람이 없어도 스스로 주문할 수 있답니다.

뷔페

식당에서는 다양한 메뉴를 먹기가 어려워. 그래서 원하는 음식을 스스로 골라 먹을 수 있는 뷔페가 생겼어.

덕분에 내가 좋아하는 음식들을 모두 먹을 수 있지~

사진 출처 : pixabay.com/images/id-3955616

⭐ **탐색 노트 사례 찾기** ……………………………………………………… **125쪽**

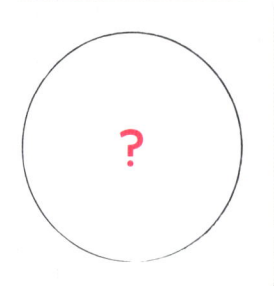

스스로 하게 만들기 사례를 찾기 힘들다면 장난감을 스스로 맞출 수 있는 조립 장난감, 스스로 음료수를 살 수 있는 자동판매기는 어때?

⭐ 바꿀 대상 찾기 ········ 126쪽

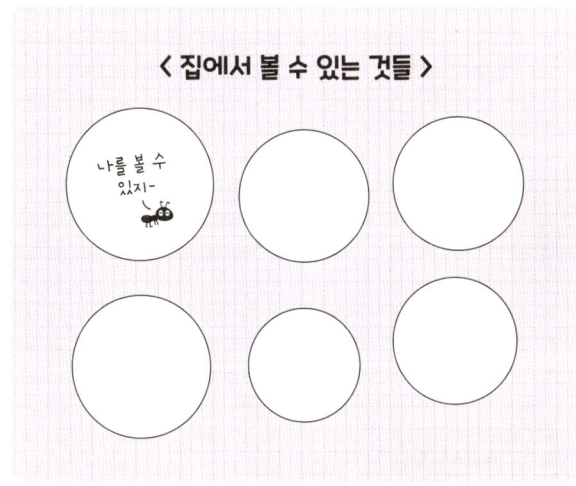

1. 아빠의 물건은 무엇이 있나요?
   예시) **안경**, ○○, ○○

2. 형제자매가 사용하는 물건에는 어떤 것들이 있나요? 예시) **책가방**, ○○, ○○

3. 가족들이 취미생활을 위해 사용하는 것들을 적어 보세요. 예시) **컴퓨터**, ○○, ○○

⭐ 상상 노트 작성하기 ········ 128~129쪽

바꿀 대상	발명의 비밀
좋아진 점	친구들의 의견

스스로 하게 만들기를 이용하면 귀찮은 일을 직접 할 필요가 없어져요.

집에서 볼 수 있는 물건들을 더 좋게 바꾸어 보세요.

아하, 스스로 준비물을 챙길 수 있는 책가방을 만들면 직접 챙기지 않아도 돼.

스스로 하게 만들기가 적용된 책가방을 그림으로 그려 볼까?

고민 모집 중

1

친구의 이름과 고민을 적은 종이를 사진으로 찍어 주세요.

2

QR코드를 스캔하여 고민을 보내 주세요.
토리즈가 고민을 해결해 줄 거에요.

부록 스티커 1 ----- 고민 해결!

 포개기
여러 개를 한데 포개 보세요

 반대로 하기
순서나 방향을 반대로 바꾸어 보세요

 입체로 만들기
평평한 것을 입체로 만들어 보세요

 스스로 하게 만들기
필요한 기능을 스스로 수행할 수 있게 만들어 보세요

----- 맞춰 보세요!

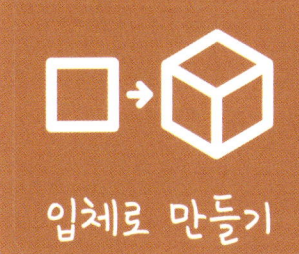

부록 스티커 2 ---------- 맞춰 보세요!

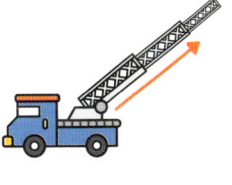   

---------- 새로 사귄 친구들!

부록 스티커 3 — 칭찬 스티커

부록 스티커 4 ──────────── 자유 스티커